数学是打开世界的一把钥匙。

一起成为小小数学家吧！

探索成员 1：小翼

长着一头自来卷的小翼热爱数学、喜欢钻研，是同学们公认的学霸，被大家亲切地称为"小牛顿"。

探索成员 2：茜茜

活泼可爱、勤奋好学的茜茜是"小牛顿"的同班同学，她记录了每次的数学探索项目。

探索成员 3：小鹦鹉

聪明机智、爱提问题的小鹦鹉是探索小组唯一会飞的成员，也是探索小组的观察能手！

探索成员 4：大猫

憨厚幽默，思路灵活，大猫在关键时刻常常表现出众，给探索小组带来了不少欢乐。

厉害了！我的数学

辨识空间方位

曲少云/文　李卓颖/图

中国和平出版社
China Peace Publishing House

图书在版编目（CIP）数据

辨识空间方位 / 曲少云文 ; 李卓颖图 . -- 北京：
中国和平出版社 , 2023.4
（厉害了！我的数学）
ISBN 978-7-5137-2390-9

Ⅰ . ①辨… Ⅱ . ①曲… ②李… Ⅲ . ①数学 – 儿童读
物 Ⅳ . ① O1-49

中国版本图书馆 CIP 数据核字 (2022) 第 147903 号

厉害了！我的数学

辨识空间方位　　　　曲少云/文　李卓颖/图

策　　划	代新梅		经　　销	全国各地书店
责任编辑	代新梅			
美术编辑	弯　弯		开　　本	880mm × 1230mm　1/20
责任印务	魏国荣		印　　张	2
出版发行	中国和平出版社（北京市海淀区花园路		字　　数	30 千字
	甲 13 号院 7 号楼 10 层　100088）			
	www.hpbook.com　　bookhp@163.com		版　　次	2023 年 4 月第 1 版　2023 年 4 月第 1 次印刷
发 行 部	（010）82093832　　82093801（传真）		书　　号	ISBN　978-7-5137-2390-9
出 版 人	林　云		定　　价	22.00 元

我们常常需要判断一个物体是在另一个物体的**上、下**，**前、后**，**左、右**，还是**里、外**。这描述的就是物体的空间方位。

1

空间方位上和下，以地球为标准，指向地球的一方是下，相反的方向是上。

只要明确了说的是哪些物体，那么靠近地球的物体就在下，远离地球的物体就在上。

数学游戏

4

"这个"在"那个"的**上**面，"那个"在"这个"的**下**面——**上**、**下**空间方位关系一般和两组物体有关。

答案见文末。

前和后则是以观察者自己为标准的。
脸面对的方向是前，相反的方向是后。

"前胸后背"这个常见的词语，其实也是人们对空间方位前和后的理解。

有时候，人们还会从方便的视角确定**前**和**后**。

前和后还延伸出很多表达。比如：以距离为标准确定的前和后；以时间发生顺序为标准的前和后；以思考顺序为标准的前和后等。

空间方位关系中，最有趣的要数**左**和**右**了。在做某些事情的时候，你会很习惯地分配给**左手**或是**右手**。

　　从自己的角度去观察事物，**左**和**右**同自己的**左手**、**右手**的方向是一致的，而每只手都有不同的功能，这是辨识**左**和**右**的关键。

　　用箭头也可以方便地表示空间方位**左**和**右**。如果将箭头所指的方向看作**右**，那么相反的方向就是**左**。

利用这个方法，可以很快确定出物体是在**左**，还是在**右**。如果结合序数，还能把物体的方位表达得更精准。

茜茜从  出发，小牛顿从 出发，该如何走，他们才能到达喜欢的游乐项目那儿呢？

14

茜茜现在的位置
小牛顿现在的位置
右区
我看到该往哪边走了!

里和外，通常是指物体在某个立体形状的里面还是外面。一顶帽子、一口锅、一只箱子、一座房子，甚至一片池塘，都是常见的立体形状。

鹦鹉刚才在魔术帽外面！
它是怎么进到里面的？好神奇啊！
魔术帽是圆柱体哦。

把方位词联合起来使用，会让复杂的情况井然有序。

用方位词说一说，小牛顿和茜茜要如何走，才能找到自己的座位呢？
马戏团表演台
观众席
左
前区
右
前区
后区
2 4 6 8 10 12 14 16
入口2
入口3
小牛顿的座位
茜茜的座位

精彩的马戏表演开始了！根据描述的位置，将表演的动物

贴在对应的位置吧！

猴子在自行车的上边；

小狗在猴子的左边；

狮子跳进了呼啦圈里面。

去贴纸区找到对应贴纸，完成问题吧！还有更多贴纸可以随意发挥。
答案见文末。

熟悉了方位词，想去哪里都不容易迷路。

茜茜要如何走，才能顺利走出迷宫找到大猫呢？请你用方位词说一说吧！

终点

　　空间方位词还有一个好处是，不论你是否身临其境，你都能准确、清楚地描述出一个"空间"的布局。

茜茜已经在餐厅
等我们了！我可
以直接飞过去。
答案见文末。

在生活中，方位词经常会派上用场，比如，找规律：

颜色从左到右的规律是：________________，

泥人从左到右的规律是：________________，

答案见文末。

城堡屋顶从左到右的规律是：＿＿＿＿＿＿＿＿＿，

去贴纸区找到对应贴纸，贴到图中空白处。

寻找对称关系时，我们也经常用到方位词，比如**上下**对称、**左右**对称。

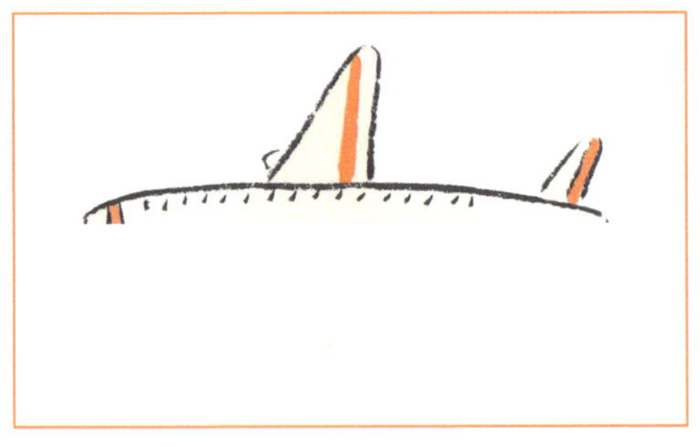

这些图形是上下对称的，找到贴纸补全图形。

左右对称

这些图形是左右对称的，找到贴纸补全图形。

一起来玩个游戏吧！小伙伴们已经站好了位置，从你的角度，说一说他们各自站在帐篷的什么位置吧！

答案见文末。

数学游戏
⑤
⑥
⑦
⑧

第5页：如图，  镜中的小男孩没有变形。

第20～21页：如图。

第24页：如图。

第26～27页：  循环出现，应贴  ；

循环出现，应贴  ；

循环出现，应贴  。

第30～31页：①左；②右；③里；④外；⑤上；⑥前；⑦下；⑧后。

确定物体方位的两种方法

1.用 **上**、**下**，**左**、**右**，**前**、**后**，**里**、**外** 描述，这是立体的空间位置概念，受观察的人和物体影响；

2.用 **东**、**南**、**西**、**北** 描述，这是水平方向的方位概念，不受观察人的影响。

"厉害了！我的数学" 系列科普图画书

- 《数的起源》
- 《自然数、整数、0》
- 《时间的历史》
- 《口算通关法》
- 《等号和加减乘除》
- 《辨识空间方位》
- 《为什么是三角形》
- 《四边形的奥秘》
- 《正方体》
- 《分类和找规律》

作者简介

曲少云/文

数学科普教育专家，教育心理硕士，拥有20余年数学教龄，对中国孩子的数学学习和发展轨迹了如指掌，能够系统、科学地指导孩子进行数学学习和训练。著有系列畅销书"今晚七点半，数学妈妈的游戏课""奇妙的数学游戏书"等，累计销量超过100万册。线上课程"如何开发孩子的数学潜力""数学启蒙，父母是最好的老师"广受老师、家长赞誉。

李卓颖/图

绘本创作者，动画专业硕士，毕业于广州美术学院及荷兰圣优斯特艺术学院。

作品有《公主怎么挖鼻屎》《溜达鸡》《从前有个筋斗云》《两个小妖精抓住一个老和尚》。作品曾获第二届"信谊图画书奖"，第二届小凉帽国际绘本奖优秀作品奖，2016年深圳读书月"年度十大童书"。《从前有个筋斗云》入选第十三届全国美展，入选教育部推荐书目。